少ない材料＆調味料で、
あとはスイッチポン！

ホットクックお助けレシピ
予約調理のおかず

橋本加名子

ホットクックの予約調理で帰宅後にすぐごはん！

シャープの自動調理鍋「ホットクック」のメリットを最大限にいかすべく、「少ない材料＆調味料で、それでもおいしくつくれるレシピ」をお伝えしてきた『ホットクックお助けレシピ』シリーズも、本作で４冊目となりました。今回お届けするのは、「予約調理」の機能を使っておいしくつくれるレシピです。出かける前に材料をセットしておいて、帰宅する時間にちょうどおかずができあがっていたら、本当に助かりますよね。

この便利な機能について知っておいていただきたいのが、予約調理の加熱の流れです。最大の特徴は、食材の腐敗を防ぐための温度帯に保たれること。右のグラフからわかるように、食材をセットしてスイッチを押すと加熱が始まり、できあがりの時刻まで一定の熱が加わります。ですから、加熱に強い食材を選ぶことや切り方を工夫することなどが、おいしくつくるコツ。じっくり煮込むような時間のかかる料理ほど、予約調理にむいています。

この本のレシピはすべて、朝７時にセットして、夜の７時に帰宅したときに夕食のおかずができあがっているように、12時間後までの予約調理を想定して試作を重ねました。そのため、予約調理機能を使うのがおすすめですが、通常調理でもつくることができます。予約調理で、みなさんの毎日の食事づくりが少しでもラクになりますように！

予約調理の加熱イメージ

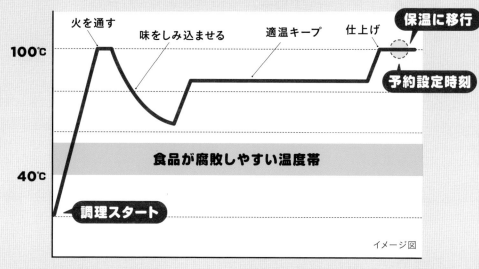

- 火を通す
- 味をしみ込ませる
- 適温キープ
- 仕上げ
- 保温に移行
- 予約設定時刻
- 100℃
- 40℃
- 食品が腐敗しやすい温度帯
- 調理スタート

イメージ図

予約調理はスイッチを押すと、すぐに加熱が始まり、いったん食材にしっかり火を通します。その後、ホットクックの内部は腐敗しない温度帯に保たれ、料理は設定したできあがり時刻に食べごろになるように仕上がります（予約可能な時間は最長15時間後まで、HT99Aは12時間後まで）。そのため、予約調理は通常調理よりも全体的に味がなじみ、食材がやわらかく仕上がります。

この本のレシピは最長12時間後まで予約できます！

予約調理の手順

例：「かぼちゃの煮物」キーで予約調理する場合

メニュー ▶ 予約メニュー ▶ かぼちゃの煮物 ▶ 予約 ▶ 時刻設定 ▶ スタート

HT99B HT24B HT16E 自動 ▶ 煮物 2-3 ▶ 予約 ▶ 時刻設定 ▶ スタート

HT99A 自動 ▶ 煮物 1-2 ▶ 予約 ▶ 時刻設定 ▶ スタート

できあがりをたのしみにしていてくださいね♪

CONTENTS

PART 1

ゴロゴロ＆ザクザクの 野菜たっぷりおかず

PART 2

 いも＆かぼちゃの
ホクホクおかず

PART5

コトコトあったか！
カレー＆シチュー

ホットクックの予約調理レシピを
おいしくつくるコツ

ホットクックの予約調理は、材料を入れて調理キーと
できあがり時刻を設定して、スイッチを押すだけ。
とても簡単ですが、ちょっとしたコツを
知っておくと、さらにおいしく仕上がります！

「自動調理キー」を活用！

この本のレシピは、ホットクックに設定され
ているたくさんの「予約調理できる自動調理
メニューキー」のなかから、加熱時間や加熱
の特徴を考慮して厳選した調理キーを使
います。P12に掲載した調理キーの主な特
徴をチェックして、似たような料理をつくると
きの調理キー選びの参考にしてください。

※この本では、少ない種類の自動調理キーを活用して、さ
まざまなレシピを提案しています。そのため、ホットクック
に準備されている自動調理キーとは大きく異なるものを推
奨している場合がありますが、まちがいではありません。
※この本のレシピは最長12時間後まで予約できます。

加熱に強い食材を選ぶ

加熱時間が長い予約調理は、加熱に強い食材
選びが重要なポイント。特に野菜は煮くずれし
てしまったり、煮汁に溶けてしまったりするもの
も多いので、適したものを使います。この本で
は主に、じっくり煮ることでやわらかくなってお
いしいいも類や根菜類のほか、なすやピーマン、き
のこ類などの加熱に強い食材を使っています。

食材は大きめにカット

予約調理は食材の切り方や大きさも大切。
小さく切りすぎるとあっという間に火が通って
煮くずれしてしまうので、いつもよりもやや大
きめを意識してカットして。たとえば、レシピ
のなかで「3cm厚さに切る」と指定している場
合は、その通りに切ってください。

肉や魚の水分は
あらかじめふき取って!

肉や魚のパックに出ている水分は、料理のくさみやアクのもと！ しっかりきって、表面の水分もキッチンペーパーで軽くおさえておきましょう。また、生魚を使う場合は、塩をふって少しおき、下味をつけながら余分な水分を出してからキッチンペーパーでふき取る手順を加えています。

食材を入れる順番も大切

内鍋に食材を入れるときは、水分の多い野菜を敷いてから、肉や魚をのせるのがおすすめです。予約調理の場合は加熱時間が長くなるので、野菜から引き出した水分もいかしながら、全体に火を通すことができます。この本のレシピはすべて「〜、〜、〜の順に入れる」と説明しています。

調味料や煮汁は少なめでOK

普通の鍋でつくるときよりも少ない調味料でもしっかり味がまわるのが、ホットクック調理のメリット。予約調理は通常調理よりも加熱時間が長いので、より味がなじみ、食材から出てくる水分の量も多くなります。レシピの調味料や煮汁の量が少なく見えても、心配はいりません。

How to use hotcook
予約調理と通常調理の
仕上がりの違い

この本のレシピは、予約調理と通常調理のどちらでも
つくれますが、料理の仕上がりには多少の差が出ます。
具体的にどんな違いが出るのか、くらべてみました。

**通常調理の
仕上がり**

見た目
なすの色が鮮やか!
予約調理した場合とくらべて、
なすの鮮やかな紫色をキープ。
皮にもパツンとした張りがあり、
軽く蒸したような仕上がりです。

しっかり!

煮汁
適度な煮汁の量に
通常調理の場合でも、な
すは加熱することで水分が
出ます。なすが半分ほどま
でつかる量に、煮汁が適
度に増えました。

食感
キュッとした歯ごたえ
なすは箸で切れるほどやわらか
くはならず、皮にキュッとした歯
ごたえあり。ひき肉にもしっかり
した食感が残っています。

味しみ
あっさりした味わい
煮汁がなすにはさんだひき肉まで浸透して
おらず、あっさりとした煮上がりに。煮汁に
浸しながら食べるとちょうどいい味です。

「なすと豚ひき肉のはさみ煮」で比較！

➡レシピはP18参照

- レシピで用いた調理キーは「かぼちゃの煮物」キー（20分）です。
- 「通常調理」は内鍋に食材を入れたらすぐにスイッチを押し、「予約調理」はできあがり時刻を12時間後にセットしてスイッチを押しました。
- この本のレシピは最長12時間後まで予約できます。
- 調理後はすぐに取り出して、仕上がりをくらべました。

予約調理の仕上がり

見た目

シワが寄ってくったり
なすにシワが寄って色も褪せますが、くったりやわらかな煮上がりに。皮があるおかげで煮くずれせず、きれいな形を保っています。

トロッ！

煮汁

なすの水分で増量！
通常調理よりも長く煮ることで、なすからしっかり水分が出て、煮汁が大幅に増量。そのおかげで、全体に味がなじんでいます。

食感

なすがとろける！
なすはしっかり形を保ちながらも、箸でちぎれるほどトロッとやわらか！　ひき肉もふっくら＆ジューシーです。

味しみ

ひき肉まで煮汁が浸透
味がよくしみて、時間をかけて煮込んだおいしさに！　なすだけでなくひき肉にまでしっかり調味料が行き渡り、一体感のある味に。

この本のレシピで使った
自動調理メニューキー

ホットクックには、予約調理機能が設定された自動調理メニューキーが
たくさんありますが、この本では下の6つのキーにしぼって
オリジナルの解釈でレシピを考案しました。
ぜひ、予約調理機能を使うときの参考にしてくださいね。

※この本のレシピは最長12時間後まで予約できます。

こんな料理に！	● いも・かぼちゃの煮物 ● 混ぜずに煮くずれさせることなく味を含ませたい煮物	● ひき肉を混ぜてほぐしながら火を通したい、ソース系煮込み	● 途中で混ぜたい煮物 ● 少なめの煮汁でしっかり煮込みたい料理
おすすめ自動調理キー	**20分** かぼちゃの煮物キー ‐‐‐‐‐ HT99B HT24B HT16E ▶煮物2-3 ‐‐‐‐‐ HT99A ▶煮物1-2	**30分** まぜ技ユニット ミートソースキー ‐‐‐‐‐ HT99B HT24B HT16E ▶煮物2-9 ‐‐‐‐‐ HT99A ▶煮物1-19	**40分** まぜ技ユニット ラタトゥイユキー ‐‐‐‐‐ HT99B HT24B HT16E ▶煮物2-18 ‐‐‐‐‐ HT99A ▶煮物1-17
たとえばこのレシピ	なすと豚ひき肉のはさみ煮（P18） かぼちゃと鶏もも肉のみそバター煮（P58）	パセリキーマカレー（P112）	れんこんとにんじんのシンプル筑前煮（P76）

ホットクックの機種について

この本でレシピ考案のために使用したホットクックの機種は、「KN-HW16G」(容量1.6ℓ／2〜4人用)です。調理キーがわかりやすく表示され、音声ガイドや無線LANで新しいレシピを検索でき、内鍋がフッ素樹脂加工のモデルです。ほかにも、2〜6人用の2.4ℓタイプ、1〜2人用の1ℓタイプなどがあります。

ホットクックのくわしい機種やカラーバリエーション、使い方などについては、取扱説明書またはオフィシャルサイトをごらんください。
https://jp.sharp/hotcook/

この本のレシピは
1.6ℓ／2.4ℓの
全機種でつくれます!

● 途中で混ぜてとろみをつけながらやわらかく煮込み、仕上げに牛乳を加えるクリームシチュー系	● 火が通りにくい野菜・肉・魚の煮物 ● 煮くずれさせることなくやわらかく煮込みたい料理	● 骨から肉が簡単に外れるほどやわらかく煮込みたいスペアリブ料理

45分 まぜ技ユニット	**65分**	**90分** まぜ技ユニット
クリームシチューキー	**おでんキー**	**スペアリブの煮こみキー**
HT99B　HT24B	HT99B　HT24B	HT99B　HT24B
HT16E	HT16E	HT16E ▶煮物2-6
▶カレー・スープ1-2	▶煮物2-12	HT99A ▶煮物1-4※
HT99A ▶煮物1-15	HT99A ▶煮物1-4	※この機種は「煮物1-7(スペアリブの煮込み)」で予約調理できないので、代用として「煮物1-4(おでん)」をセットしてください。

チキンときのこの
クリームシチュー (P120)

大根と鮭の塩麹煮 (P70)
れんこんと豚肉の
ハーブトマト煮 (P78)
豚肩ロースのデミ風
シチュー (P122)

豚スペアリブの中華風
オイスター煮込み (P104)
豚スペアリブの
みぞれ角煮風 (P106)

13

この本の見方とレシピについて

この本のレシピは、1.6ℓタイプの「KN-HW16G」を基準にしていますが、
1.6ℓ／2.4ℓタイプの全機種でつくることができます。それぞれのレシピページに
掲載したマークや表の見方は、下記を参考にしてください。

● 調理時間

自動調理メニューキーに設定されている、通常調理した場合の加熱時間の目安です。この本のレシピでつくる場合は、食材の種類や量によって、変わることがあります。また、材料を切るなどの準備の時間も含まれていませんが、どのレシピも手間がかからないものばかりです。

● 自動調理メニューキー

メインで表示している自動調理メニューキーは「HW16D/HW16E/HW16F/HW16G/HW24C/HW24E/HW24G」の機種にもとづいていますが、掲載したレシピは、1.6ℓタイプと2.4ℓタイプのホットクック全機種に対応しています。それぞれの機種の自動調理メニューキーにしたがって操作してください（予約調理の手順はP3参照）。

● まぜ技ユニット

このマークがあるレシピは、あらかじめホットクックに「まぜ技ユニット」を装着してから調理してください。

● アレンジのヒント

ひとつのレシピをベースにして、アレンジするためのヒントです。ほかの食材にかえたり、調味料をプラスしたり、ホットクックレシピのレパートリーを増やすためのアイデアを示しています。

● 調理後の内鍋

それぞれのレシピに掲載しているのは、2〜3時間後にできあがり時刻を設定し、予約調理した写真です。できあがり時刻までの適温キープ時間により、煮汁の量や食材の様子に多少の差が出ます。

レシピのきまり

・ 小さじ1は5㎖、大さじ1は15㎖です。
・ にんにく1片、しょうが1かけは約10gです。
・ 食材の分量は、皮などを除いた正味です。
・ 食材を洗う、野菜の皮をむくなどの基本的な下ごしらえは省いています。

⚠ この本のレシピは、予約調理のできあがり時刻が最длで12時間後まで、おいしくつくれることを確認しています。それを超える時刻にセットして予約調理する場合は、食材が煮くずれたり、やわらかくなりすぎる場合がありますので、ご注意ください。

PART
1

ゴロゴロ＆ザクザクの
野菜たっぷりおかず

ホットクックの予約調理にむいているのは、
長時間、熱を加えても煮くずれすることなく、
旨味や甘味が引き出されるような野菜です。
一年中手に入りやすい野菜でおすすめなのは、
なす、ピーマン、キャベツ、白菜、玉ねぎ、きのこ類。
おいしくつくるコツは、ゴロゴロ＆ザクザク、
大きめに切ること。ピーマンはまるごと煮てもOK！
お肉やお魚と組み合わせて内鍋にセットして
予約スイッチを押せば、食べたい時間に
野菜たっぷりのおかずができあがっています！

豚バラ麻婆なす

見た目は煮物のように見えて、味は麻婆なす。コクのある豚バラ肉と
とろっと火が通ったなすは抜群の相性！ ごはんが進みます！

アレンジのヒント

なすの代わりに
ピーマンをまるごと使っても！

メニュー ▶ **カテゴリー** ▶ **煮物** ▶ **野菜** ▶ **かぼちゃの煮物**

HT99B HT24B HT16E 自動 ▶ 煮物 2-3

HT99A 自動 ▶ 煮物 1-2

材料（2〜3人分）

豚バラ薄切り肉 … 250g

なす … 4本（320g）

ごま油 … 小さじ1

A 長ねぎの粗みじん切り … ½ 本分

　 にんにくのみじん切り … 1片分

　 しょうがのみじん切り … 1かけ分

　 豆板醤 … 小さじ1

B しょうゆ、オイスターソース、酒 … 各大さじ1

　 水 … 50㎖

白いりごま … 適量

つくり方

予約調理の場合は
なすを大きめに
切るのがコツ！

BEFORE

AFTER

準備

- なす ➡ 縦半分に切る。
- 豚肉 ➡ 5㎜幅に切ってAをもみ込む。
- B ➡ 混ぜ合わせる。

調理

- 内鍋になすを入れ、ごま油をからめる。
- 豚肉（もみ込んだAの残りも）をのせ、Bを
　まわし入れ、**調理キー**を押す。

仕上げ

- 器に盛り、白いりごまをふる。

なすと豚ひき肉の
はさみ煮

ひき肉を味つけなしではさむから簡単！　じっくり煮ることで
甘辛い煮汁がしみ込んで、手をかけたような一品になります。

アレンジのヒント

鶏ひき肉でつくると
あっさりした味わいに！

調理キー

メニュー ▶ カテゴリー ▶ 煮物 ▶ 野菜 ▶ かぼちゃの煮物

HT99B HT24B HT16E 自動 ▶ 煮物2-3

HT99A 自動 ▶ 煮物1-2

材料 （2〜3人分）

豚ひき肉 … 250g

なす … 4本 (320g)

片栗粉 … 適量

A しょうゆ … 大さじ2

　酒 … 大さじ1

　砂糖 … 小さじ1

　水 … 100㎖

小ねぎの小口切り … 適量

つくり方

準 備

- なす ➡ 縦に深い十字の切り込みを入れる。片栗粉を内側にまぶし、豚肉を4等分してはさむ。
- A ➡ 混ぜ合わせる。

調 理

- 内鍋に豚肉をはさんだなすを並べ、Aをまわし入れ、**調理キー**を押す。

仕上げ

- 器に盛り、小ねぎを散らす。

ひき肉は味つけせずにそのままはさんで！

BEFORE

AFTER

19

なすと鶏もも肉の
トマトソース煮

玉ねぎとにんにくを加えて煮込んだシンプルなトマトソースで
鶏もも肉のやわらかさ、なすのとろっとしたおいしさが引き立ちます。

アレンジのヒント

トマトソースが残ったら
パスタソースにしても。

20

メニュー ▸ カテゴリー ▸ 煮物 ▸ 野菜 ▸ かぼちゃの煮物

HT99B **HT24B** **HT16E** 自動 ▸ 煮物 2-3

HT99A 自動 ▸ 煮物 1-2

材料（2〜3人分）

鶏もも肉 … 大1枚（300g）

なす … 2本（160g）

玉ねぎ … ½ 個

A にんにくのみじん切り … 1片分

    トマトジュース（食塩不使用）… 100㎖

    塩 … 小さじ1

    白こしょう … 少々

パセリのみじん切り … 適量

BEFORE

下に敷いた玉ねぎと
上にのせたなすで
鶏肉をサンド！

AFTER

つくり方

準備

- なす ➡ 縦4等分に切る。
- 玉ねぎ ➡ 繊維に沿って薄切りにする。
- 鶏肉 ➡ 4等分に切る。
- A ➡ 混ぜ合わせる。

調理

- 内鍋に玉ねぎ、鶏肉、なすの順に入れる。
- Aをまわし入れ、**調理キー**を押す。

仕上げ

- 器に盛り、パセリを散らす。

まるごとピーマンの
チンジャオ煮

ピーマンは、種を抜かずにまるごと煮てもおいしいって知ってました？
牛肉に片栗粉をもみ込んでおくことで、しっかり味がからみます。

アレンジのヒント
ピーマンの代わりに
縦半分に切ったなすでも！

材料 （2〜3人分）

牛切り落とし肉 … 150g

ピーマン … 5〜6個

A　酒 … 大さじ½

　　しょうゆ、片栗粉 … 各小さじ1

B　オイスターソース … 大さじ1

　　しょうゆ、酒 … 各小さじ½

　　砂糖 … 少々

つくり方

準備

- 牛肉 ➡ 食べやすい大きさに切り、Aを順にもみ込む。
- B ➡ 混ぜ合わせる。

調理

- 内鍋にピーマン、牛肉の順に入れる。
- Bをまわし入れ、**調理キー**を押す。
- 調理が終わったら、軽く混ぜる。

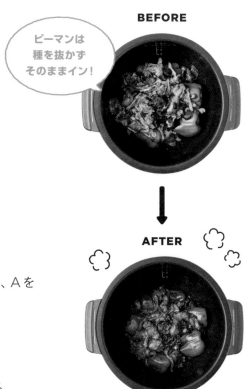

BEFORE

ピーマンは
種を抜かず
そのままイン！

AFTER

23

ピーマンの肉詰めバーグ

肉ダネをこねなくても、しっかりハンバーグのおいしさに！
肉詰めにすれば、予約調理で長時間煮込んでも煮くずれしません。

アレンジのヒント

合いびき肉を
使ってもOK！

メニュー ▶ カテゴリー ▶ 煮物 ▶ 野菜 ▶ かぼちゃの煮物

HT99B **HT24B** **HT16E** 自動 ▶ 煮物 2 - 3

HT99A 自動 ▶ 煮物 1 - 2

材料（2〜3人分）

ピーマン … 6 個
片栗粉 … 適量
A 豚ひき肉 … 300g
　 塩 … 小さじ 1/4
　 水 … 大さじ 1
B トマトケチャップ … 大さじ 3
　 ウスターソース … 大さじ 2

つくり方

準 備

- ピーマン ➡ ヘタを落として種を取り、内側に片栗粉をまぶす。
- A ➡ ボウルでよく混ぜ合わせて 6 等分し、ピーマンに詰める。
- B ➡ 混ぜ合わせる。

調 理

- 内鍋にピーマンを並べ、B をまわし入れ、**調理キー**を押す。

BEFORE

AFTER

型くずれせず
きれいな
煮上がり！

25

ピーマンと
鶏むね肉の甘酢煮

鶏むね肉はふっくら、ピーマンはくったり。甘酢ダレがからんで、
白いご飯を呼ぶおいしさ！　酢を使っていて傷みにくいので、お弁当にも。

アレンジのヒント
鶏ささみやカジキで
つくるのもおすすめです。

メニュー ▶ カテゴリー ▶ 煮物 ▶ 野菜 ▶ かぼちゃの煮物

HT99B　HT24B　HT16E　自動 ▶ 煮物 2-3

HT99A　自動 ▶ 煮物 1-2

材料 （2〜3人分）

鶏むね肉 … 大1枚（300g）

ピーマン … 4〜6個

A 砂糖、塩 … 各小さじ¼

　　 酒 … 大さじ1

　　 片栗粉 … 大さじ1

B しょうゆ … 大さじ2と½

　　 砂糖 … 小さじ2

酢 … 大さじ2

つくり方

準 備

- ピーマン ➡ 縦4等分に切る。
- 鶏肉 ➡ ひと口大のそぎ切りにして、A を順にもみ込む。
- B ➡ 混ぜ合わせる。

調 理

- 内鍋にピーマン、鶏肉の順に入れる。
- B をまわし入れ、**調理キー**を押す。
- 調理が終わったら、酢を加えて、軽く混ぜる。

BEFORE

AFTER

酸味がとばないように
酢は加熱後に
混ぜるのがコツ！

キャベツと鶏手羽元の ビネガー煮込み

鶏手羽元の骨から出た旨味までしっかりキャベツにしみ込んで、
おいしく煮上がります。酢のおかげで、お肉もやわらか！

アレンジのヒント

鶏手羽先や鶏もも肉を
大きめに切って使ってもOK！

調理キー

メニュー ▶ カテゴリー ▶ 煮物 ▶ おでん ▶ おでん

HT99B　HT24B　HT16E　自動 ▶ 煮物 2-12

HT99A　自動 ▶ 煮物 1-4

材料 (2〜3人分)

鶏手羽元 … 9本

キャベツ … 小 1/2 個 (320g)

A　塩 … 小さじ2

　　酢 … 大さじ3

　　白こしょう … 少々

黒こしょう … 適量

つくり方

［ 準 備 ］

- キャベツ ➡ 4等分のくし形切りにする。
- A ➡ 混ぜ合わせる。

［ 調 理 ］

- 内鍋にキャベツを入れ、隙間に鶏肉を差し込む。
- A をまわし入れ、**調理キー**を押す。

［ 仕上げ ］

- 器に盛り、黒こしょうをふる。

BEFORE

キャベツは
大きめにカットして
コトコト煮ます

AFTER

29

ミルフィーユ
キャベツ餃子

にらがたっぷりの餃子の肉ダネを、キャベツではさんで蒸し焼きに。
皮で包まなくても、味はしっかり餃子です!

アレンジのヒント

鶏ひき肉でつくってもOK!
好みで酢じょうゆやポン酢をつけて。

メニュー ▶ カテゴリー ▶ 煮物 ▶ 野菜 ▶ かぼちゃの煮物

HT99B HT24B HT16E 自動 ▶ 煮物 2-3

HT99A 自動 ▶ 煮物 1-2

材料（2〜3人分）

キャベツ … 1/4 個（250g）

にら … 1束

A 豚ひき肉 … 400g

　おろしにんにく … 1片分

　おろししょうが … 1かけ分

　オイスターソース … 大さじ1

　ごま油、しょうゆ … 各小さじ1

　砂糖 … 少々

大きめの
キャベツの葉を
鍋底に敷くと
きれいな仕上がりに

BEFORE

AFTER

つくり方

準 備

- キャベツ ➡ 葉をはがす。

- にら ➡ 5mm幅にきざむ。

- A ➡ ボウルでよく混ぜ合わせて、さらにに
らを加えて混ぜ、肉ダネをつくる。

調 理

- キャベツ、肉ダネ、キャベツ、肉ダネ、キャベ
ツの順に、重ねる。

- 平らになるように上から押して、キャベツと
肉ダネをしっかり密着させ、**調理キー**を押す。

- 調理が終わったら、出てきた水分を軽くき
る。鍋に平らな皿をかぶせて逆さまにし、取
り出す。

白菜と豚バラの
中華みそ煮込み

やわらかく煮込んだ白菜と豚バラは、間違いのないおいしさ。
みその旨味とごま油のコクも加わって、ますますお箸が進みます！

アレンジのヒント
白菜の代わりに
キャベツでも！

メニュー ▶ カテゴリー ▶ 煮物 ▶ 野菜 ▶ かぼちゃの煮物

| HT99B | HT24B | HT16E | 自動 ▶ 煮物 2-3 |

| HT99A | 自動 ▶ 煮物 1-2 |

材料（2〜3人分）

白菜 … ¼ 個（400g）

豚バラ薄切り肉 … 250g

A みそ … 大さじ2

　鶏ガラスープの素（顆粒）、酒、ごま油
　　… 各大さじ1

　水 … 大さじ3

つくり方

準 備

- 白菜 ➡ 4cm長さに切る。
- 豚肉 ➡ 3cm幅に切り、混ぜ合わせたA
  をもみ込む。

調 理

- 内鍋に白菜、豚肉、白菜、豚肉の順に重
  ね、**調理キー**を押す。

豚肉に下味を
もみ込んでおくのが
ポイント！

BEFORE

AFTER

白菜と鶏団子の
ザーサイ煮込み

ザーサイを加えて煮るだけで、ひと味違う本格中華に！
ふわっふわの鶏団子とクタクタの白菜を一緒に味わうのも最高です。

アレンジのヒント

豚ひき肉でつくるのも
おすすめです！

材料（2〜3人分）

白菜 … ¼ 個（400g）

ザーサイ … 50g

A 鶏ひき肉 … 250g
　 片栗粉 … 大さじ1
　 酒 … 大さじ1

B しょうゆ、酒 … 各大さじ1
　 水 … 50㎖

つくり方

準備

- 白菜 ➡ 4㎝長さに切る。
- ザーサイ ➡ 細切りにする。
- A ➡ ボウルでよく混ぜ合わせたら6等分し、団子状に丸める。
- B ➡ 混ぜ合わせる。

調理

- 内鍋に白菜、鶏団子、ザーサイの順に入れる。
- Bをまわし入れ、**調理キー**を押す。

ザーサイを加えると味に深みが出ます！

BEFORE

AFTER

玉ねぎの
豚バラポン酢煮

玉ねぎに豚バラを巻いて、ポン酢で煮るだけで驚きのおいしさ!
食べごたえもしっかりあるのがうれしいおかずです。

アレンジのヒント
玉ねぎの代わりにくし形切りにした
じゃがいもでも!

調理キー

メニュー ▶ カテゴリー ▶ 煮物 ▶ 野菜 ▶ かぼちゃの煮物

HT99B　HT24B　HT16E　自動 ▶ 煮物 2-3

HT99A　自動 ▶ 煮物 1-2

材料（2〜3人分）

玉ねぎ … 1個
豚バラ薄切り肉 … 8枚
ポン酢 … 100㎖
青じそのせん切り … 適量

つくり方

準 備

- 玉ねぎ ➡ 8等分のくし形切りにして、豚肉を巻く。

調 理

- 内鍋に豚肉を巻いた玉ねぎを並べる。
- ポン酢をまわし入れ、**調理キー**を押す。

仕上げ

- 器に盛り、青じそを飾る。

BEFORE

肉の巻き
終わりを
下にして並べて！

AFTER

玉ねぎと甘塩鮭と
エリンギのバター煮

あらかじめ下味がつけてある甘塩鮭はとっても便利。魚の旨味と
バターのコクが玉ねぎにからんで、ご飯にも合う洋風おかずです。

アレンジのヒント
マッシュルームやしいたけなど
好みのきのこを入れても!

調理キー

メニュー ▶ カテゴリー ▶ 煮物 ▶ 野菜 ▶ かぼちゃの煮物

HT99B HT24B HT16E 自動 ▶ 煮物 2-3

HT99A 自動 ▶ 煮物 1-2

材料（2〜3人分）

甘塩鮭 … 3切れ
玉ねぎ … 1個
エリンギ … 2本 (100g)
洋風スープの素（顆粒）… 大さじ 2/3
酒 … 大さじ1
バター … 15g
黒こしょう … 適量

水分の多い玉ねぎを下に敷いて！

BEFORE

AFTER

つくり方

準備

- 鮭 ➡ 1切れを3等分に切る。
- 玉ねぎ ➡ 1cm厚さのくし形切りにして、バラバラにほぐす。
- エリンギ ➡ 3cm長さに切り、カサの部分は縦半分に切る。

調理

- 内鍋に玉ねぎ、鮭、エリンギの順に入れる。
- 洋風スープの素をまんべんなくふり入れて酒をまわし入れ、バターをのせて、**調理キー**を押す。

仕上げ

- 器に盛り、黒こしょうをふる。

エリンギとカジキの
アヒージョ煮

オリーブオイルに、にんにくと唐辛子をきかせたアヒージョ味！
ゴロゴロに切ったカジキとエリンギは、お酒のつまみにもぴったり。

アレンジのヒント
カジキの代わりに
鶏もも肉を使っても！

材料（2～3人分）

カジキ … 3切れ（270g）

エリンギ … 4本（200g）

A　にんにくのみじん切り … 1片分

　　赤唐辛子の輪切り（乾燥）… 1本分

　　オリーブオイル … 100㎖

　　塩 … 小さじ1

つくり方

準備

- カジキ ➡ 4㎝角に切る。
- エリンギ ➡ 3㎝長さに切り、カサの部分は縦半分に切る。
- A ➡ 混ぜ合わせる。

調理

- 内鍋にエリンギ、カジキの順に入れる。
- Aをまわし入れ、**調理キー**を押す。

BEFORE

AFTER

にんにくの
いい香りが
まさにアヒージョ！

41

しいたけの肉詰め
トマトソース煮

ゴロンとした食べごたえで満足感あり！　しいたけとひき肉の
旨味がたっぷりのトマトソースもいい味わいです。

アレンジのヒント
鶏ひき肉や合いびき肉で
つくっても！

調理キー

メニュー ▶ カテゴリー ▶ 煮物 ▶ 野菜 ▶ かぼちゃの煮物

| HT99B | HT24B | HT16E | 自動 ▶ 煮物 2-3 |
| HT99A | 自動 ▶ 煮物 1-2 |

材料 （2～3人分）

しいたけ … 9枚

片栗粉 … 適量

A 豚ひき肉 … 250g
　　 塩 … 少々
　　 水 … 大さじ1

B トマトジュース（食塩不使用）… 300㎖
　　 塩 … 小さじ1
　　 白こしょう … 少々

パセリのみじん切り … 適量

つくり方

準備

- しいたけ ➡ 軸を切り落とし、カサの内側に片栗粉をまぶす。
- A ➡ ボウルでよく混ぜ合わせて肉ダネをつくり、しいたけのカサの内側に詰める。さらに肉ダネの上にも、薄く片栗粉をまぶす。
- B ➡ 混ぜ合わせる。

調理

- 内鍋にしいたけの肉詰めを並べる。
- Bをまわし入れ、**調理キー**を押す。

仕上げ

- 器に盛り、パセリを散らす。

肉ダネが外れないように肉の面を下に！

BEFORE

AFTER

「お助けレシピ」シリーズの
予約調理できるレシピ①

この本のレシピは「朝セットして、夜おいしくできあがる」ことをめざして、何度も試作を重ねました。そんな試行錯誤を経て、これまでのシリーズ既刊本に掲載したレシピも「このメニューは予約調理でもおいしくつくれる」という確信が持てるようになりました。まずは、シリーズ1冊目『ホットクックお助けレシピ』で、予約調理できるレシピを紹介します。持っている方は、ぜひ試してみてくださいね。

「赤い本」で
おなじみ！

『ホットクックお助けレシピ』

このレシピは予約調理OK!

「鶏手羽元と大根のにんにくしょうゆ煮」（P32）
「豚スペアリブのやわらかお酢煮」（P50）
「鶏肉とさつまいものはちみつしょうゆ煮」（P52）
「バターチキンカレー」（P76）
「ハヤシライス」（P78）
「まるごとオニオンスープ」（P94）
「サバとじゃがいものトマトスープ」（P98）

PART
2

いも＆かぼちゃの
ホクホクおかず

ホットクックは、じゃがいもやさつまいも、
長芋などのいも類、かぼちゃを
とびっきりおいしく煮るのが大得意。
スイッチポン！のほったらかし調理で、
絶妙なしっとり＆ホクホク食感に！
大きめに切ることで、長く加熱しても
煮くずれしにくく、しっかり味もなじむので
予約調理にむいている食材です。
お肉や魚介類と一緒に煮れば、その旨味も
じんわりしみ込んで、感動のおいしさに！

じゃがいもの
カムジャタン風

ピリ辛みそ味でじっくり煮込んだ豚スペアリブがやわらか。
煮汁がしみ込んだじゃがいもがたまらない、韓国風の煮物です!

アレンジのヒント

煮汁が残ったら太めのうどんを
入れて煮るのもおすすめ。

メニュー ▶ カテゴリー ▶ 煮物 ▶ おでん ▶ おでん

HT99B HT24B HT16E 自動 ▶ 煮物 2-12

HT99A 自動 ▶ 煮物 1-4

材料 （2〜3人分）

豚スペアリブ … 400g

じゃがいも（メークイン）
　　… 2〜3個（300g）

玉ねぎ … 1個

A　おろしにんにく … 2片分
　　おろししょうが … 2かけ分
　　砂糖、みそ、コチュジャン … 各大さじ2
　　しょうゆ … 大さじ1
　　水 … 200㎖

BEFORE

じゃがいもは
煮くずれしにくい
メークインを！

AFTER

つくり方

準 備

- じゃがいも ➡ 大きめのひと口大に切り、軽く水にさらし、水気をきる。
- 玉ねぎ ➡ 8等分のくし形切りにして、バラバラにほぐす。
- A ➡ 混ぜ合わせる。

調 理

- 内鍋に玉ねぎ、スペアリブ、じゃがいもの順に入れる。
- Aをまわし入れ、**調理キー**を押す。

仕上げ

- 器に盛り、好みで小ねぎの斜め切りを散らす。

じゃがいもと
タコのトマト煮

予約調理で長く煮込むからこそ、タコがこんなにやわらか！
タコの旨味がシミシミのじゃがいもまで絶品です。

アレンジのヒント

余ったソースは旨味がたっぷり。
ペンネを加えても！

じゃがいも

調理キー

メニュー ▶ カテゴリー ▶ 煮物 ▶ おでん ▶ おでん

HT99B HT24B HT16E 自動 ▶ 煮物2-12

HT99A 自動 ▶ 煮物1-4

材料（2〜3人分）

タコ（ボイル済み）… 250g

じゃがいも（メークイン）

　… 2〜3個（300g）

にんにく（縦半分に切って軽くつぶす）… 1片分

A　トマトジュース（食塩不使用）… 400ml

　　塩 … 小さじ1

　　バジル（乾燥）… 適量

パセリのみじん切り … 適量

つくり方

準備

- じゃがいも ➡ 大きめのひと口大に切り、軽く水にさらし、水気をきる。
- タコ ➡ 3cm長さに切る。
- A ➡ 混ぜ合わせる。

調理

- 内鍋にじゃがいも、タコ、にんにく、Aの順に入れ、**調理キー**を押す。

仕上げ

- 器に盛り、パセリを散らす。

じゃがいもは長めに煮るので大きめにカット

BEFORE

AFTER

49

じゃがいもと塩サバの オリーブオイル煮

サバとオリーブオイルの旨味がしみ込んだじゃがいものおいしさ！
味がついていて煮くずれしにくい塩サバは、予約調理にぴったりです。

アレンジのヒント
塩サバの代わりに
甘塩鮭を使っても！

調理キー

メニュー ▶ カテゴリー ▶ 煮物 ▶ 野菜 ▶ かぼちゃの煮物

HT99B **HT24B** **HT16E** 自動 ▶ 煮物 2-3

HT99A 自動 ▶ 煮物 1-2

材料 （2〜3人分）

塩サバ … 半身を2切れ

じゃがいも（メークイン）

　… 2〜3個（300g）

玉ねぎ … 1/2 個

にんにく（縦半分に切って軽くつぶす） … 1片分

A　酒 … 大さじ2

　　オリーブオイル … 大さじ3

　　塩 … 少々

バジルの葉 … 5枚

味つけ済みの
塩サバは
煮てもおいしい！

BEFORE

つくり方

準備

- じゃがいも ➡ 大きめのひと口大に切り、10分ほど水にさらし、水気をきる。

- 玉ねぎ ➡ 繊維に沿って薄切りにする。

- サバ ➡ 1切れを半分に切る。

- A ➡ 混ぜ合わせる。

調理

- 内鍋に玉ねぎ、じゃがいも、サバ、にんにくの順に入れる。

- Aをまわし入れ、**調理キー**を押す。

仕上げ

- 器に盛り、バジルをちぎって散らす。

AFTER

じゃがいもと
鶏手羽元のタッカンマリ風

コトコト煮込んだ手羽元とじゃがいもに、にらダレをかけて
味わうのがたまらない！ 鍋料理感覚で味わえる韓国風のおかずです。

アレンジのヒント

タレはきざみにらにポン酢、
ラー油を混ぜても簡単です！

メニュー ▶ カテゴリー ▶ 煮物 ▶ おでん ▶ おでん

HT99B　HT24B　HT16E　自動 ▶ 煮物 2-12

HT99A　自動 ▶ 煮物 1-4

材料（2〜3人分）

鶏手羽元 … 8本
じゃがいも（メークイン）… 2〜3個（300g）
玉ねぎ … 1個
長ねぎ … 1本
にんにく（縦半分に切って軽くつぶす）… 3片分
A　塩 … 少々
　　酒 … 100㎖
　　水 … 400㎖
B　**にらダレ**
　　にら（5mm長さにきざむ）… 1束分
　　しょうゆ … 大さじ5
　　ごま油 … 大さじ2
　　砂糖、白いりごま … 各大さじ1

つくり方

準備

- 玉ねぎ ➡ 繊維に沿って1cm幅に切り、
  バラバラにほぐす。
- 長ねぎ ➡ 1cm厚さの斜め切りにする。
- じゃがいも ➡ 大きめのひと口大に切り、
  軽く水にさらし、水気をきる。
- A、B ➡ それぞれ混ぜ合わせる。

調理

- 内鍋に玉ねぎ、じゃがいも、長ねぎ、鶏肉、
  にんにくの順に入れる。
- Aをまわし入れ、**調理キー**を押す。

BEFORE

AFTER

鶏の骨から出た
深い旨味が
シミシミ！

仕上げ

- 器に盛り、Bのにらダレ
  をかけながら食べる。

さつまいもと
鶏もも肉の甘辛煮

ほんのり甘いさつまいもに、鶏もも肉の旨味がしみ込んだ
甘辛味の煮物。甘じょっぱさとごま油の香りがあとを引く味です。

アレンジのヒント

さつまいもの代わりに
かぼちゃを使っても！

調理キー

メニュー ▶ カテゴリー ▶ 煮物 ▶ 野菜 ▶ かぼちゃの煮物

HT99B **HT24B** **HT16E** 自動 ▶ 煮物 2-3

HT99A 自動 ▶ 煮物 1-2

材料 （2〜3人分）

さつまいも … 300g

鶏もも肉 … 大1枚 (300g)

パプリカ … 1個

A しょうゆ … 大さじ2

　塩 … 少々

　砂糖、ごま油 … 各大さじ1

　酒 … 大さじ2

　水 … 大さじ3

BEFORE

↓

AFTER

軽く混ぜて
全体に
味をなじませて！

つくり方

準備

- さつまいも ➡ 2cm厚さに切る。10分ほど水にさらし、水気をきる。
- 鶏肉 ➡ 3等分に切る。
- パプリカ ➡ ヘタと種を取り、縦8等分に切る。
- A ➡ 混ぜ合わせる。

調理

- 内鍋にさつまいも、鶏肉、パプリカの順に入れる。
- Aをまわし入れ、**調理キー**を押す。
- 調理が終わったら軽く混ぜる。

さつまいもと
豚バラのしょうが煮

コクのある豚バラ＆すっきりとしたしょうがの香りが
さつまいもの甘味にマッチ。ほっくりとしたおいしさです！

アレンジのヒント
かぼちゃやじゃがいもでも
おいしくつくれます！

調理キー

メニュー ▶ カテゴリー ▶ 煮物 ▶ 野菜 ▶ かぼちゃの煮物

HT99B　HT24B　HT16E　自動 ▶ 煮物2-3

HT99A　自動 ▶ 煮物1-2

材料（2〜3人分）

豚バラ薄切り肉 … 250g

さつまいも … 300g

しょうがのせん切り … 3かけ分（30g）

A　砂糖、みりん … 各大さじ1

　　酒 … 大さじ3

　　しょうゆ … 大さじ2

　　塩 … 少々

　　水 … 50㎖

つくり方

準備

- さつまいも ➡ 乱切りにする。10分ほど
  水にさらし、しっかり水気をきる。

- 豚肉 ➡ 3㎝幅に切って混ぜ合わせたA
  をもみ込む。

調理

- 内鍋にさつまいも、豚肉（もみ込んだA
  の残りも）、しょうがの順に入れ、**調理
  キー**を押す。

- 調理が終わったら軽く混ぜる。

BEFORE

AFTER

しょうがの香りが
ふわっと
立ちのぼる！

57

かぼちゃと鶏もも肉の
みそバター煮

かぼちゃと相性抜群のみそバター味。さらに鶏もも肉もプラス!
甘く煮ることの多いかぼちゃを、しょっぱいおかずにも使ってみて。

アレンジのヒント

バターの代わりに
オリーブオイルでも!

調理キー

メニュー ▶ カテゴリー ▶ 煮物 ▶ 野菜 ▶ かぼちゃの煮物

HT99B HT24B HT16E 自動 ▶ 煮物 2-3

HT99A 自動 ▶ 煮物 1-2

材料（2〜3人分）

鶏もも肉 … 大1枚（300g）

かぼちゃ … ¼個（400g）

しめじ … 1パック

A みそ、水 … 各大さじ2

　　酒 … 大さじ1

　　しょうゆ … 小さじ1

　　塩 … 少々

バター … 25g

つくり方

準 備

- かぼちゃ ➡ 大きめのひと口大に切る。
- しめじ ➡ 食べやすくほぐす。
- 鶏肉 ➡ 4等分に切る。
- A ➡ 混ぜ合わせる。

調 理

- 内鍋にかぼちゃ、鶏肉、しめじの順に入れる。
- Aをまわし入れ、バターをのせて、**調理キー**を押す。
- 調理が終わったら軽く混ぜる。

BEFORE

AFTER

バターが溶けて
まろやかな
味になります！

59

かぼちゃと
ミートソースの重ね煮

トマトケチャップベースの甘めのミートソースが、ホクホクのかぼちゃと
意外な相性のよさ。しっかり食べごたえのあるおかずです。

アレンジのヒント

シュレッドチーズをかけて
オーブンで焼いてアレンジしても。

メニュー ▶ カテゴリー ▶ 煮物 ▶ 野菜 ▶ かぼちゃの煮物

HT99B　HT24B　HT16E　自動 ▶ 煮物 2-3

HT99A　自動 ▶ 煮物 1-2

材料（2〜3人分）

かぼちゃ … ¼ 個（400g）

A **ミートソース**

　豚ひき肉 … 300g

　玉ねぎのみじん切り … ¼ 個分

　にんにくのみじん切り … 1片分

　トマトケチャップ … 150㎖

　中濃ソース … 大さじ2

　酒 … 大さじ1

パセリのみじん切り … 適量

つくり方

準備

- かぼちゃ ➡ 1cm厚さのくし形切りにする。
- A ➡ ボウルでよく混ぜ合わせる。

調理

- 内鍋にA、かぼちゃ、A、かぼちゃ、A、かぼちゃの順に入れ、**調理キー**を押す。

仕上げ

- 器に盛り、パセリを散らす。

BEFORE

ミートソースと
かぼちゃを重ねて
コトコト！

AFTER

長芋と鮭の
粒マスタード煮

コトコト煮込んだ長芋はホックリ、鮭はふっくら！
粒マスタードとしょうゆの組み合わせも、絶妙なおいしさ。

アレンジのヒント
鮭の代わりに塩サバを
使っても違ったおいしさに。

メニュー ▶ カテゴリー ▶ 煮物 ▶ 野菜 ▶ かぼちゃの煮物

HT99B　HT24B　HT16E　自動 ▶ 煮物 2-3

HT99A　自動 ▶ 煮物 1-2

材料 （2〜3人分）

生鮭 … 3切れ

長芋 … 350g

長ねぎ … ½ 本

A　粒マスタード … 大さじ3

　　酒 … 大さじ2

　　しょうゆ、みりん … 各大さじ1

　　水 … 50㎖

BEFORE

粒マスタードを
たっぷり入れて
煮るのがポイント！

AFTER

つくり方

準備

- 鮭 ➡ 1切れを3等分に切り、塩少々（分量外）をふり、5分ほどおく。出てきた水分をキッチンペーパーでふき取る。
- 長芋 ➡ 乱切りにする。
- 長ねぎ ➡ 斜め薄切りにする。
- A ➡ 混ぜ合わせる。

調理

- 内鍋に長ねぎ、長芋、鮭の順に入れる。
- Aをまわし入れ、**調理キー**を押す。

長芋と塩豚の蒸し煮

しっかり塩味をつけた豚バラと一緒に、ホクホク長芋を蒸して
ギュッとレモンをひとしぼり！　おかずにもつまみにもなる一品。

アレンジのヒント

長芋の代わりに
じゃがいもでも！

調理キー

メニュー ▶ カテゴリー ▶ 煮物 ▶ 野菜 ▶ かぼちゃの煮物

HT99B　HT24B　HT16E　自動 ▶ 煮物 2-3

HT99A　自動 ▶ 煮物 1-2

材料 （2〜3人分）

豚バラ薄切り肉 … 250g

長芋 … 350g

A 塩 … 小さじ1⅓

　 白こしょう … 少々

　 酒 … 大さじ2

　 水 … 大さじ3

レモンのくし形切り … ¼個分

つくり方

準備

- 長芋 ➡ 乱切りにする。
- 豚肉 ➡ 3cm幅に切り、混ぜ合わせたAをもみ込む。

調理

- 内鍋に長芋、豚肉（もみ込んだAの残りも）の順に入れ、**調理キー**を押す。
- 調理が終わったら豚肉をほぐし、軽く混ぜる。

仕上げ

- 器に盛り、レモンをしぼって食べる。

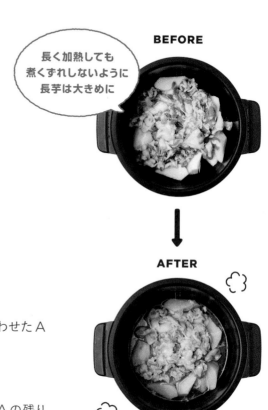

長く加熱しても煮くずれしないように長芋は大きめに

BEFORE

AFTER

オーブントースターで焼く
簡単コロッケも予約調理で！

ホットクックは下ごしらえにも便利ですよね。特におすすめなのは、揚げなくてもいいスコップコロッケ。じゃがいもと玉ねぎを内鍋に入れて、予約調理。できあがったらつぶして、パン粉をふってトースターで焼くだけ！ ホットクックなら、ひと手間かけるのも苦になりません。

調理時間
20分

スコップコロッケ

つくり方

準備

- じゃがいも ➡ ひと口大に切り、10分ほど水にさらして水気をきる。
- 玉ねぎ ➡ 粗みじん切りにする。

調理

- 内鍋にじゃがいも、玉ねぎ、水の順に入れ、**調理キー**を押す。
- 調理が終わったらじゃがいもをつぶし、ツナを混ぜ、塩、白こしょうで味を調える。

仕上げ

- 耐熱容器にオリーブオイルを薄く塗り、コロッケのタネを入れてパン粉をふる。
- オーブントースターでこんがり焼き色がつくまで焼く。

材料（2～3人分）

じゃがいも … 2～3個（350g）
玉ねぎ … ¼個
水 … 大さじ2
ツナ（缶）… 小1缶（70g）
塩、白こしょう … 各少々
パン粉 … 大さじ4
オリーブオイル … 適量

調理キー	メニュー ▶ カテゴリー ▶ 煮物 ▶ 野菜 ▶ かぼちゃの煮物
	HT99B　HT24B　HT16E　自動 ▶ 煮物2-3
	HT99A　自動 ▶ 煮物1-2

PART 3

味がシミシミ！
根菜のおかず

火を通すのに時間がかかる根菜類は
なかなか手が出ないという人も多いのでは？
だからこそ、ほったらかしでじっくり加熱できる
ホットクックの予約調理を活用しましょう！
時間をかけてじっくりコトコト、
味をしみ込ませながら加熱するので、
通常調理よりもおいしく仕上がること間違いなし。
この章では、大根、れんこん、ごぼう、
にんじんを使ったレシピを紹介します。
根菜おかずをつくる頻度が増えるはず！

ジンジャーブリ大根

洋風スープの素をプラスして煮ることで、まろやかな味わいの
洋風のブリ大根に。たっぷり加えたせん切りしょうががいい香りです。

アレンジのヒント

ブリの代わりに
鮭を使っても!

調理キー

メニュー ▶ カテゴリー ▶ 煮物 ▶ おでん ▶ おでん

HT99B **HT24B** **HT16E** 自動 ▶ 煮物 2-12

HT99A 自動 ▶ 煮物 1-4

材料 (2〜3人分)

ブリ … 3切れ

大根 … ⅓本 (300g)

しょうがのせん切り … 3かけ分 (30g)

A しょうゆ … 大さじ2½

酒、みりん、砂糖 … 各大さじ1

洋風スープの素 (顆粒) … 小さじ1

水 … 200㎖

つくり方

準備

- ブリ ➡ 半分に切り、塩少々 (分量外) を
  ふり、5分ほどおく。出てきた水気をキッ
  チンペーパーでふき取る。
- 大根 ➡ 3㎝厚さの半月切りにする。
- A ➡ 混ぜ合わせる。

調理

- 内鍋に大根、ブリ、しょうがの順に入れる
- Aをまわし入れ、**調理キー**を押す。

しょうがを
たっぷり入れるのが
味の決め手！

BEFORE

AFTER

大根と鮭の塩麹煮

鮭と塩麹の旨味がしみ込んだ大根は、ジュワッとみずみずしくて
やわらか！ 鮭もふっくらと煮えて、やさしい味わいです。

アレンジのヒント

鮭の代わりにブリでも！
塩麹はみそにかえてもOK。

材料（2〜3人分）

大根 … ⅓ 本（300g）

生鮭 … 3切れ

A 塩麹、酒 … 各大さじ1

　　みりん … 小さじ1

　　水 … 200㎖

しょうがの薄切り … 3枚

つくり方

準備

- 鮭 ➡ 1切れを3等分に切り、塩少々（分量外）をふり、5分ほどおく。出てきた水気をキッチンペーパーでふき取る。
- 大根 ➡ ひと口大の乱切りにする。
- A ➡ 混ぜ合わせる。

調理

- 内鍋に大根、鮭、しょうがを入れる。
- Aをまわし入れ、**調理キー**を押す。

仕上げ

- 器に盛り、好みでカイワレ大根を飾る。

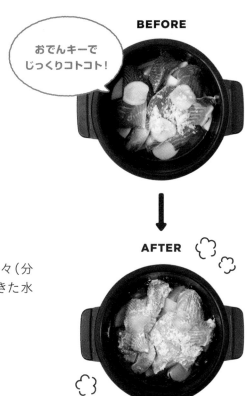

おでんキーで
じっくりコトコト！

BEFORE

AFTER

大根と豚バラの
ピリ辛みそ煮

みそと赤唐辛子、にんにくをきかせて煮込んだ豚バラ肉＆大根の
おいしさといったら！　白いごはんが欲しくなること間違いなし。

アレンジのヒント
みその代わりにコチュジャンを
使えば韓国風の煮物に！

材料（2〜3人分）

大根 … 1/3 本（300g）
豚バラ薄切り肉 … 300g
A　みそ、酒、みりん … 各大さじ1
　　しょうゆ … 小さじ1
にんにくの薄切り … 1片分
赤唐辛子の輪切り（乾燥）… 1本分
水 … 100㎖

つくり方

準 備

- 大根 ➡ 3㎝厚さのいちょう切りにする。
- 豚肉 ➡ 3㎝長さに切り、混ぜ合わせた Aをもみ込む。

調 理

- 内鍋に大根、豚肉、にんにく、赤唐辛子、水の順に入れ、**調理キー**を押す。
- 調理が終わったら豚肉をほぐし、軽く混ぜる。

BEFORE

豚肉にしっかり味つけして加熱するとおいしく仕上がります

AFTER

れんこんの
豚ひき肉はさみ煮

シンプルに塩のみで味つけしたひき肉を厚切りれんこんではさんで、
煮るだけ！ ほっくりと煮えたれんこんは食べごたえも抜群です。

アレンジのヒント

鶏ひき肉を使っても
あっさりしたおいしさに！

74

材料（2人分）

れんこん … 180g
片栗粉 … 適量
A 豚ひき肉 … 200g
　塩 … 少々

B しょうゆ … 大さじ2
　酒 … 大さじ1
　砂糖 … 小さじ1
　水 … 100㎖
黒いりごま … 適量

BEFORE

つくり方

準備

- れんこん ➡ 8等分の輪切りにし、5分ほど酢水にさらす。水気をきり、片面に片栗粉をまぶす。
- A ➡ ボウルでよく混ぜ合わせて、4等分する。
- B ➡ 混ぜ合わせる。

調理

- れんこんの片栗粉がついている面を内側にして、Aを間にはさむ。
- 内鍋にれんこんを並べ、Bをまわし入れ、**調理キー**を押す。
- 調理が終わったら、れんこんを返して5分以上おき、余熱で味をなじませる。

仕上げ

- 器に盛り、黒いりごまをふる。

AFTER

返して5分おくと
反対の面も
おいしそうな色に！

れんこんとにんじんの
シンプル筑前煮

具材の種類をたくさん揃えなくても、れんこんとにんじん、
鶏もも肉だけで筑前煮の味になります。定番の和のおかずが簡単に!

アレンジのヒント

筑前煮の定番具材、ごぼうや
いんげん、しいたけを加えても!

調理キー

メニュー ▶ カテゴリー ▶ 煮物 ▶ 野菜 ▶ ラタトゥイユ

| HT99B | HT24B | HT16E | 自動 ▶ 煮物 2-18 |

| HT99A | 自動 ▶ 煮物 1-17 |

まぜ技
ユニット

材料 （2〜3人分）

れんこん … 250g

にんじん … 2/3 本 (100g)

鶏もも肉 … 大1枚 (300g)

ごま油 … 小さじ1

A しょうゆ、水 … 各大さじ2

酒 … 大さじ1

みりん … 大さじ½

BEFORE

先にごま油を
野菜にからめると
炒めた風味に！

つくり方

準 備

- れんこん、にんじん ➡ ひと口大の乱切り
  にする。

- 鶏肉 ➡ 大きめのひと口大に切る。

- A ➡ 混ぜ合わせる。

調 理

- 内鍋にれんこん、にんじんを入れて、ごま
  油をからめる。

- 鶏肉をのせてAをまわし入れ、**調理キー**
  を押す。

仕上げ

- 器に盛り、好みで三つ葉を飾る。

AFTER

れんこんと豚肉の
ハーブトマト煮

ほっくりとしたれんこんのおいしさを、豚肉と一緒に味わう
洋風煮込み。ミニトマトの酸味とハーブの香りがアクセント!

アレンジのヒント

鶏もも肉を使っても
コクのある洋風煮込みに。

メニュー ▶ カテゴリー ▶ 煮物 ▶ おでん ▶ おでん

HT99B **HT24B** **HT16E** 自動 ▶ 煮物 2-12

HT99A 自動 ▶ 煮物 1-4

材料（2〜3人分）

豚ロースとんかつ用 … 3枚（390g）

れんこん … 250g

ミニトマト … 12個

にんにくのみじん切り … 1片分

ドライバジル（好みのドライハーブで代用可）… 小さじ1

A しょうゆ、白ワイン（酒で代用可）… 各大さじ1

　　塩 … 小さじ½

　　白こしょう … 少々

　　水 … 50mℓ

とんかつ用の
豚ロースを
使うのがポイント！

BEFORE

AFTER

つくり方

準備

- れんこん ➡ 2cm厚さの半月切りにする。
- 豚肉 ➡ 2cm幅のそぎ切りにする。
- A ➡ 混ぜ合わせる。

調理

- 内鍋にれんこん、豚肉、にんにく、ドライ
  バジル、ミニトマトの順に入れる。
- Aをまわし入れ、**調理キー**を押す。
- 調理が終わったら軽く混ぜる。

調理時間
20分

鶏ごぼうと
こんにゃくのごま煮

鶏肉とごぼうは間違いのない組み合わせ。こんにゃくも一緒に
甘辛く煮込んで、香ばしいすりごまの風味をからめて仕上げます。

アレンジのヒント

ごぼうの半量をにんじんにかえたり、
豚バラ肉と一緒に煮ても!

| 調理キー |

メニュー ▶ **カテゴリー** ▶ **煮物** ▶ **野菜** ▶ **かぼちゃの煮物**

HT99B　**HT24B**　**HT16E**　自動 ▶ 煮物 2-3
HT99A　自動 ▶ 煮物 1-2

材料（2〜3人分）

鶏もも肉 … 大1枚（300g）

ごぼう … 1本（150g）

こんにゃく（アク抜き済み）… 1枚（220g）

A　しょうゆ … 大さじ3
　　みりん … 大さじ2
　　酒 … 大さじ1
　　砂糖 … 大さじ1
　　水 … 180㎖

白すりごま … 大さじ3

つくり方

| 準 備 |

- ごぼう ➡ 1cm厚さの斜め切りにして軽く水にさらし、しっかり水気をきる。
- こんにゃく ➡ 小さめにちぎる。
- 鶏肉 ➡ ひと口大に切る。
- A ➡ 混ぜ合わせる。

| 調 理 |

- 内鍋にこんにゃく、ごぼう、鶏肉の順に入れる。
- Aをまわし入れ、**調理キー**を押す。
- 調理が終わったら白すりごまを加えて、軽く混ぜる。

| 仕上げ |

- 器に盛り、好みで小ねぎの斜め切りを散らす。

BEFORE

AFTER

煮上がったら
すりごまを
加えて混ぜて！

ごぼうのガーリック
豚バラ巻き

豚バラ肉の薄切りでごぼうをくるりと巻いて、あとは煮るだけ！
肉の旨味がごぼうにシミシミ。お酒のつまみにもなるおかずです。

アレンジのヒント

余ったらグリルやオーブントースターで
カリッと焼いてもおいしい！

材料（2～3人分）

ごぼう … 2本（300g）

豚バラ薄切り肉（20㎝）… 12枚

にんにくの薄切り … 1片分

洋風スープの素（顆粒）… 小さじ2

塩 … 小さじ¼

酒 … 大さじ4

つくり方

準備

- ごぼう ➡ 1本を6等分に切って軽く水に
  さらし、しっかり水気をきる。豚肉で巻く。

調理

- 内鍋に豚肉を巻いたごぼうを、巻き終わり
  が下になるように入れる。
- 洋風スープの素と塩をまんべんなくふり入
  れ、酒をまわし入れる。
- にんにくをのせ、**調理キー**を押す。

仕上げ

- 器に盛り、好みでパセリのみじん切りを散
  らす。

BEFORE

肉の巻き終わりを
下にして入れて！

AFTER

ごぼうとにんじんの
豚きんぴら煮

きんぴらに豚肉を加えて、ごはんが進むメインおかずに格上げ。
予約調理では長く加熱するので、ごぼうとにんじんは太めに切って。

アレンジのヒント

ごぼうの代わりに
れんこんの半月切りでも!

84

調理キー

メニュー ▶ カテゴリー ▶ 煮物 ▶ 野菜 ▶ かぼちゃの煮物

HT99B　HT24B　HT16E　自動 ▶ 煮物 2-3

HT99A　自動 ▶ 煮物 1-2

材料（2〜3人分）

豚ロースとんかつ用 … 2枚（260g）

ごぼう … 1本（150g）

にんじん … 1本（150g）

にんにくのみじん切り … 1片分

ごま油 … 大さじ ½

A　しょうゆ、水 … 各大さじ2

　　酒、みりん … 各大さじ1

つくり方

準 備

- ごぼう ➡ 1cm厚さの斜め切りにして軽く水にさらし、しっかり水気をきる。
- にんじん ➡ 1cm厚さの斜め切りにしてから、2〜3等分の棒状に切る。
- 豚肉 ➡ 1cm幅の棒状に切り、ごま油をからめる。
- A ➡ 混ぜ合わせる。

調 理

- 内鍋にごぼう、にんじん、豚肉、にんにくの順に入れる。
- Aをまわし入れ、**調理キー**を押す。
- 調理が終わったら軽く混ぜ、好みで七味唐辛子をふる。

BEFORE

豚肉には先にごま油をからめておきます！

AFTER

朝ごはんも予約調理で！
スープから始める一日

ホットクックの予約調理は、ぜひ朝ごはんにも活用してほしい機能。前の夜にスープの材料をセットして寝れば、いい香りで目覚めるのが幸せ！そこで、朝におすすめの根菜たっぷりのスープレシピをご紹介。雑穀入りなので、しっかり主食にもなりますよ！

調理時間 65分

根菜と雑穀の
薬膳風スープ

材料（2〜3人分）

鶏ささみ … 2本
れんこん、大根（好みの根菜類で代用可）
　… 合計180g
長ねぎ … 1/3本
雑穀ミックス（雑穀ごはん用）
　…1袋（30g）
しょうがのせん切り
　…2かけ分（20g）
水 … 400mℓ
塩 … 小さじ1

つくり方

準備

- 鶏ささみ ➡ 1cm幅のそぎ切りにする。
- れんこん、大根 ➡ 2cm角に切る。
- 長ねぎ➡1cm厚さの斜め切りにする。

調理

- 内鍋にれんこん、大根、長ねぎ、鶏ささみ、雑穀ミックス、しょうが、水、塩の順に入れ、**調理キー**を押す。
- 器に盛り、好みで小ねぎの小口切りを散らす。

調理キー	メニュー ▶ カテゴリー ▶ 煮物 ▶ おでん ▶ おでん
	HT99B　HT24B　HT16E　自動 ▶ 煮物2-12
	HT99A　自動 ▶ 煮物1-4

PART 4

モリモリお肉の
シンプルおかず

ホットクックの予約調理機能で
ゆっくりコトコト煮たら最高においしくなる、
ボリュームたっぷりお肉のおかず。
切らずに内鍋に入れたら、
あとはほったらかし調理だからラクラク！
しっとりとやわらかく、味しみも抜群。
特に骨付き肉は、骨からも旨味たっぷりの
だしが出るので、じっくり煮れば煮るほど
おいしさが増します。
お腹を満足させる食べごたえ！

鶏もも肉の甘酢てり煮

鶏もも肉と調味料を入れたら、あとはスイッチを押すだけ。
鶏もも肉がふっくら、マイルドな酸味の甘辛味です。

アレンジのヒント
鶏手羽元や鶏手羽先を
煮てもおいしい!

調理キー

メニュー ▸ カテゴリー ▸ 煮物 ▸ 野菜 ▸ かぼちゃの煮物

`HT99B` `HT24B` `HT16E` 自動 ▸ 煮物2-3
`HT99A` 自動 ▸ 煮物1-2

材料 （2人分）

鶏もも肉 … 大1枚（300g）
A 砂糖、酒 … 各大さじ1
　 しょうゆ、水 … 各大さじ2
酢 … 大さじ2

つくり方

準備

- A ➡ 混ぜ合わせる。

調理

- 内鍋に鶏肉を並べ、Aをまわし入れ、**調理キー**を押す。
- 調理が終わったら、煮汁に酢を加えてひと混ぜし、鶏肉を返して5分以上おき、余熱で味をなじませる。

仕上げ

- 食べやすく切って器に盛り、好みでせん切りキャベツとトマトを添える。

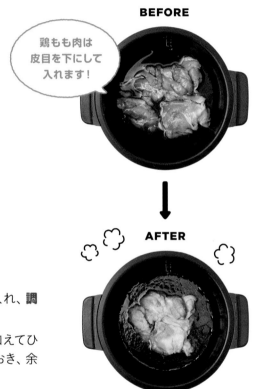

BEFORE

鶏もも肉は皮目を下にして入れます！

AFTER

鶏もも
ロールチャーシュー

鶏もも肉をくるっと巻いたら、つまようじを刺してとめて煮るだけ。
そのままおかずにしても、ラーメンのトッピングにしても！

アレンジのヒント

残った煮汁はのばしてラーメンの
スープにしたり、根菜類を煮ても。

調理キー

メニュー ▶ カテゴリー ▶ **煮物** ▶ **おでん** ▶ **おでん**

HT99B HT24B HT16E **自動** ▶ **煮物 2-12**

HT99A **自動** ▶ **煮物 1-4**

材料（2〜3人分）

鶏もも肉 … 2枚

しょうがの薄切り … 3枚

長ねぎの青い部分 … 1本分

A しょうゆ … 大さじ5

　　酒、みりん … 各大さじ3

　　酢、砂糖 … 各大さじ1

　　水 … 100㎖

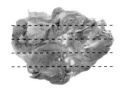

点線部分に切り込みを浅めに
入れておくと、巻きやすい！

BEFORE

つくり方

準備

- 鶏肉 ➡ 繊維に沿って3、4か所に包丁で切り込みを入れる。皮目が外側になるように巻き、巻き終わりの6、7か所につまようじを刺してとめる。

- A ➡ 混ぜ合わせる。

調理

- 内鍋に鶏肉、しょうが、長ねぎ、Aの順に入れ、**調理キー**を押す。

- 調理が終わったら、鶏肉を返して5分以上おき、余熱で味をなじませる（冷めるまで待つと切りやすい）。

AFTER

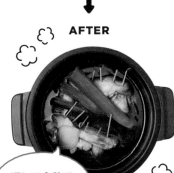

返して余熱で
味をなじませて！

仕上げ

- 1cm厚さに切って器に盛る。好みで水菜を添える。

鶏手羽先のナムプラー煮

シンプルにナムプラーで煮るだけで、エスニックな味に！
魚醤の旨味がしみた鶏手羽先には、パクチーがよく合います。

アレンジのヒント

煮汁は鶏の旨味たっぷり。
春雨を入れてスープにして！

メニュー ▶ カテゴリー ▶ 煮物 ▶ 野菜 ▶ かぼちゃの煮物

HT99B **HT24B** **HT16E** 自動 ▶ 煮物 2-3
HT99A 自動 ▶ 煮物 1-2

材料 （2〜3人分）

鶏手羽先 … 10本
A　ナムプラー … 大さじ2
　　酒 … 大さじ1
　　水 … 400㎖
パクチーの葉 … 適量

つくり方

準備

- A ➡ 混ぜ合わせる。

調理

- 内鍋に鶏肉、Aの順に入れ、**調理キー**を押す。

仕上げ

- 器に盛り、パクチーを飾る。

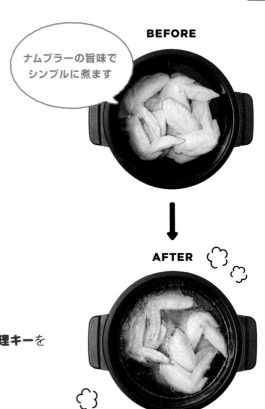

ナムプラーの旨味で
シンプルに煮ます

BEFORE

AFTER

鶏手羽先のねぎ塩煮

たっぷりのねぎ塩ダレで鶏手羽先をはさんで、蒸し煮にすれば、
ビールのおつまみにもぴったり！　手が止まらなくなりそう。

アレンジのヒント
鶏もも肉や豚ロースとんかつ用で
つくっても！

材料 （2～3人分）

鶏手羽先 … 10本

A **ねぎ塩ダレ**
　　長ねぎのみじん切り … 2本分
　　ごま油 … 大さじ1
　　塩 … 小さじ1
　　酒 … 50㎖

黒こしょう … 適量

つくり方

（ 準 備 ）

• A ➡ 混ぜ合わせる。

（ 調 理 ）

• 内鍋にAの½量を敷き、鶏肉、残りの
　Aの順に入れ、**調理キー**を押す。

（ 仕上げ ）

• 器に盛り、黒こしょうをふる。

BEFORE

ねぎのいい香りで
包み込んで
蒸し煮に！

AFTER

揚げない
ヤンニョムチキン

日本でも大人気の韓国料理をホットクックで！ コチュジャンや
にんにく、しょうがをきかせたピリ辛ダレはやみつきになる味。

アレンジのヒント

大きめに切った
鶏もも肉でつくっても！

メニュー ▶ カテゴリー ▶ 煮物 ▶ 野菜 ▶ かぼちゃの煮物

HT99B HT24B HT16E 自動 ▶ 煮物 2 - 3

HT99A 自動 ▶ 煮物 1 - 2

材料（2〜3人分）

鶏手羽先 … 10本
片栗粉 … 適量
サラダ油 … 小さじ1
A　おろしにんにく … 1片分
　　おろししょうが … 1かけ分
　　酒 … 大さじ1
　　塩、白こしょう … 各少々
B　コチュジャン、トマトケチャップ、みりん、酒
　　　… 各大さじ2
　　しょうゆ … 大さじ1
白いりごま … 適量

鶏手羽先に片栗粉を
まぶしておくと
タレがよくからみます

BEFORE

AFTER

つくり方

（ 準 備 ）

- 鶏肉 ➡ Aをもみ込んで、片栗粉を薄く
  まぶす。
- B ➡ 混ぜ合わせる。

（ 調 理 ）

- 内鍋の底にサラダ油を薄く塗り、鶏肉を
  並べる。
- Bをまわし入れ、**調理キー**を押す。
- 調理が終わったら、軽く混ぜる。

（ 仕上げ ）

- 器に盛り、白いりごまをふる。

鶏手羽元の
オニオンソース煮

お肉をやわらかくする玉ねぎと一緒に煮ることで、鶏手羽元の
おいしさアップ！　クタクタになったオニオンソースも絶品です。

アレンジのヒント
鶏手羽元の代わりに、食べやすく
切った豚肩ロースブロックでも！

調理キー

メニュー ▶ カテゴリー ▶ 煮物 ▶ おでん ▶ おでん

HT99B　HT24B　HT16E　自動 ▶ 煮物 2-12

HT99A　自動 ▶ 煮物 1-4

材料（2〜3人分）

鶏手羽元 … 9本

玉ねぎ … ½ 個

A　酒、オリーブオイル … 各大さじ1
　　塩 … 小さじ1

パセリのみじん切り … 適量

つくり方

準備

- 玉ねぎ ➡ 半分に切り、繊維を断つように1cm幅に切る。
- 鶏肉 ➡ Aをもみ込む。

調理

- 内鍋に玉ねぎ、鶏肉（もみ込んだAの残りも）の順に入れ、**調理キー**を押す。

仕上げ

- 器に盛り、パセリを散らす。

下に玉ねぎを敷いて鶏手羽元をのせて！

BEFORE

AFTER

紅茶豚

豚肩ロースを紅茶で煮込むと、色づきがよくなり、肉のくさみも
消えるので一石二鳥。さっぱり＆しっとりの上品な味わいの煮豚です。

アレンジのヒント

生野菜と味わうのがおすすめ。
サニーレタスで包んで食べても！

調理キー

メニュー ▶ カテゴリー ▶ 煮物 ▶ おでん ▶ おでん

HT99B **HT24B** **HT16E** 自動 ▶ 煮物 2-12

HT99A 自動 ▶ 煮物 1-4

濃いめの紅茶で
煮ると色づきも
よくなります

BEFORE

AFTER

材料 (2〜3人分)

豚肩ロース (ブロック) … 450g

長ねぎの青い部分 … 1本分

A 熱湯 … 400ml

　　紅茶 (ティーバッグ) … 2袋

　　酒、みりん、しょうゆ … 各50ml

つくり方

準備

- A ➡ 熱湯にティーバッグを浸し、濃いめ
  の紅茶をつくる。残りの調味料を混ぜる。

調理

- 内鍋に豚肉、長ねぎ、Aの順に入れ、**調
  理キー**を押す。

- 調理が終わったら、豚肉を返して5分以
  上おき、余熱で味をなじませる(冷めるま
  で待つと切りやすい)。

仕上げ

- 薄く切って器に盛り、好みでベビーリーフ
  やにんじんのせん切りを添える。

アップルポーク

りんごをぎっしり敷き詰めて、豚肩ロースをのせて蒸し煮に！
甘酸っぱいアップルソースが、豚肉との相性抜群です。

アレンジのヒント
サンドイッチやサラダに、
ハム感覚で使って！

メニュー ▶ カテゴリー ▶ 煮物 ▶ おでん ▶ おでん

HT99B HT24B HT16E 自動 ▶ 煮物 2-12

HT99A 自動 ▶ 煮物 1-4

BEFORE

材料（2〜3人分）

豚肩ロース（ブロック）… 450g
りんご … 1個
塩、オリーブオイル … 各小さじ1
白こしょう … 少々

つくり方

準 備

- りんご ➡ 2cm角に切る。
- 豚肉 ➡ 塩、白こしょう、オリーブオイル
  の順にもみ込む。

調 理

- 内鍋にりんご、豚肉の順に入れ、**調理キー**
  を押す。

仕上げ

- 薄く切って器に盛り、やわらかくなったり
  んごをくずしてソースとして添える。

AFTER

りんごの水分だけで
豚肩ロースに
やさしく火が入ります

103

豚スペアリブの
中華風オイスター煮込み

時間がかかる豚スペアリブ料理こそ、予約調理にぴったり。
オイスターソースの旨味がしっかりしみ込んで、感動のやわらかさ！

アレンジのヒント

煮上がりにゆで卵を入れて
煮汁に5分浸せばおいしい煮卵に！

調理キー

メニュー ▶ カテゴリー ▶ **煮物** ▶ **肉** ▶ **スペアリブの煮こみ**

HT99B HT24B HT16E 自動 ▶ 煮物 2 - 6

HT99A 自動 ▶ 煮物 1 - 4 ※

※この機種は「煮物1-7（スペアリブの煮込み）」で予約調理できないので、
代用として「煮物1-4（おでん）」をセットしてください。

まぜ技
ユニット

材料（2～3人分）

豚スペアリブ … 700g

長ねぎ … 1本

しょうがの薄切り … 3枚

にんにく（縦半分に切って軽くつぶす）… 1片分

A オイスターソース … 大さじ3

　 酒、しょうゆ … 各大さじ1

　 水 … 50㎖

白髪ねぎ … 適量

BEFORE

にんにくとしょうが、
長ねぎの香りで
本格中華の味に！

AFTER

つくり方

準 備

- 長ねぎ ➡ 1cm厚さの斜め切りにする。
- A ➡ 混ぜ合わせる。

調 理

- 内鍋に長ねぎ、スペアリブ、しょうが、にんにくの順に入れる。
- Aをまわし入れ、**調理キー**を押す。

仕上げ

- 器に盛り、白髪ねぎを飾る。

豚スペアリブの
みぞれ角煮風

豚バラブロックよりも脂が少ない豚スペアリブを使って
豚の角煮風の甘辛い味つけに。大根おろしを加えてさっぱり!

アレンジのヒント

青じそのほか、カイワレ大根や
三つ葉など和の香味野菜もよく合います!

まぜ技ユニット

メニュー ▶ カテゴリー ▶ 煮物 ▶ 肉 ▶ スペアリブの煮こみ

HT99B **HT24B** **HT16E** 自動 ▶ 煮物 2-6

HT99A 自動 ▶ 煮物 1-4 ※

※この機種は「煮物1-7(スペアリブの煮込み)」で予約調理できないので、
代用として「煮物1-4(おでん)」をセットしてください。

材料 （2～3人分）

豚スペアリブ … 700g
大根おろし … 250g
しょうがの薄切り … 3枚
A　しょうゆ … 大さじ2
　　酒、みりん … 各大さじ1
青じそのせん切り … 適量

つくり方

準備

- A ➡ 混ぜ合わせる。

調理

- 内鍋にスペアリブ、大根おろし、しょうがの
  順に入れる。
- Aをまわし入れ、**調理キー**を押す。

仕上げ

- 器に盛り、青じそを飾る。

大根おろしを汁ごと
加えてさっぱり！

BEFORE

AFTER

「お助けレシピ」シリーズの
予約調理できるレシピ②

シリーズ2冊目の『ホットクックお助けレシピ　肉と魚のおかず』にも、実は予約調理でもおいしくつくれるレシピがたくさんあります。下で紹介するレシピ以外でも、「さばのみそ煮」キーで調理するレシピは、予約調理機能が設定されていて、同じ調理時間の「かぼちゃの煮物」キーで代用すれば、おいしくつくれることが多いです。ぜひ、予約調理できる自動調理キーをいろいろ試してみてください！

「青い本」で
おなじみ！

『ホットクックお助けレシピ
肉と魚のおかず』

このレシピは予約調理OK！

「和風やわらか煮豚」（P38）
「味たま入り中華風煮豚」（P40）
「鶏手羽先と大根のコトコト煮込み」（P58）
「白滝入り和風肉じゃが」（P90）
「洋風肉じゃが」（P91）
「中華風肉じゃが」（P92）
「ツナじゃが」（P120）

PART 5

コトコトあったか！
カレー＆シチュー

コトコト煮込むとおいしい
カレー＆シチューはぜひ、ホットクックの
予約調理機能を使ってつくってほしい料理。
この章では、おうちでつくるカレーの
手軽なアレンジレシピや、飽きないおいしさの
シチューのバリエーションを紹介します。
じっくり煮込んだ具材は、
できあがるころには味がしみてやわらか。
一品で野菜とお肉の両方をバランスよく、
たっぷり食べられるのがうれしい！

ゴロゴロ野菜の スープカレー

なすはまるごと、じゃがいもやにんじんも大きくカット！
鶏手羽元と一緒にじっくり煮込んだ野菜を味わうカレーです。

アレンジのヒント

大きめに切った豚肩ロースを
使ってもボリューム満点でおいしい！

調理キー

メニュー ▶ カテゴリー ▶ 煮物 ▶ おでん ▶ おでん

HT99B HT24B HT16E 自動 ▶ 煮物 2-12

HT99A 自動 ▶ 煮物 1-4

材料 （2人分）

鶏手羽元 … 4本
じゃがいも（メークイン） … 1個
なす … 2本
にんじん … ½本
玉ねぎ … 1個
トマト … 大1個
好みのカレールウ（粗くきざむ） … 45g（小½箱）
A　ウスターソース、トマトケチャップ … 各大さじ2
　　水 … 300㎖
ゆで卵、ごはん … 適量

鶏手羽元の
骨から出る旨味で
おいしさアップ！

BEFORE

AFTER

つくり方

準備

- じゃがいも、トマト ➡ 半分に切る。
- なす ➡ ピーラーで縦に2筋ほど皮をむく。
- にんじん ➡ 斜めに半分に切る。
- 玉ねぎ ➡ 1cm厚さのくし形切りにする。
- A ➡ 混ぜ合わせる。

調理

- 内鍋に玉ねぎ、鶏肉、にんじん、じゃがいも、なす、トマト、カレールウの順に入れる。
- Aをまわし入れ、**調理キー**を押す。
- 調理が終わったら軽く混ぜ、ルウの溶け残りをなじませる。

仕上げ

- 器にゆで卵と共に盛って、好みで黒こしょうをふり、ごはんを添える。

パセリキーマカレー

豚ひき肉と玉ねぎのシンプルなキーマカレーをつくって、パセリを
混ぜればできあがり。卵黄をのせるとお店みたいな仕上がりに！

アレンジのヒント
パセリの代わりにパクチーを混ぜれば、
アジア風のエスニックキーマカレーに！

調理キー

メニュー ▶ カテゴリー ▶ 煮物 ▶ 佃煮・ソース ▶ ミートソース

まぜ技
ユニット

HT99B　HT24B　HT16E　自動 ▶ 煮物 2-9

HT99A　自動 ▶ 煮物 1-19

材料（2～3人分）

玉ねぎ … 1個

パセリの粗みじん切り … 大さじ3

A　豚ひき肉 … 300g

　　にんにくのみじん切り … 2片分

　　しょうがのみじん切り … 2かけ分

　　カレー粉 … 大さじ3

　　中濃ソース、トマトケチャップ … 各大さじ2

ターメリックライス（米2合にターメリック小さじ½を加えて炊く）

　　… 適量

つくり方

準備

- 玉ねぎ ➡ 粗みじん切りにする。
- A ➡ 混ぜ合わせる。

調理

- 内鍋に玉ねぎ、Aの順に入れ、**調理キー**を押す。
- 調理が終わったらパセリを加えて、ひき肉をほぐすように軽く混ぜる。

仕上げ

- 器にターメリックライス、カレーを盛り、好みで卵黄をトッピングする。

BEFORE

AFTER

調理が終わったら
パセリを混ぜて！

サバ缶トマトカレー

サバ缶とトマト缶の旨味のハーモニーを楽しむ、絶品缶詰カレー!
酸味がきいたスパイシーな味わいは、やみつきになりそう。

アレンジのヒント
サバ缶の代わりに
ツナ缶を使っても!

メニュー ▶ カテゴリー ▶ **煮物** ▶ **野菜** ▶ **かぼちゃの煮物**

HT99B **HT24B** **HT16E** 自動 ▶ 煮物 2-3

HT99A 自動 ▶ 煮物 1-2

BEFORE

材料 （2〜3人分）

サバ水煮 (缶) … 1缶 (190g)

長ねぎ … 1本

A カットトマト水煮 (缶) … 1缶 (400g)

　にんにくのみじん切り … 1片分

　カレー粉 … 大さじ3

　しょうゆ … 大さじ1

ごはん、白いりごま … 各適量

つくり方

準備

- 長ねぎ ➡ 1cm厚さの斜め切りにする。
- A ➡ 混ぜ合わせる。

調理

- 内鍋に長ねぎ、サバ水煮 (缶汁ごと) の順に入れる。
- Aをまわし入れ、**調理キー**を押す。

仕上げ

- 器にごはんを盛って白いりごまをふり、カレーを添える。

AFTER

サバの身を
くずさないように
盛りつけて!

厚揚げ和風カレー

お蕎麦屋さんのカレーみたいな、しょうゆの香りが漂うおいしさ。
ごろごろ大きめに切った厚揚げは豚肉に負けない主役感!

アレンジのヒント

カレーうどんに
アレンジしても!

材料（2〜3人分）

豚こま切れ肉 … 250g

厚揚げ … 1枚 (150g)

玉ねぎ … 1/2 個

好みのカレールウ（粗くきざむ）… 45g（小 1/2 箱）

A めんつゆ（3倍濃縮）… 大さじ2

┊ 水 … 200㎖

青じそのせん切り … 適量

ごはん … 適量

BEFORE

AFTER

溶け残ったルウは
混ぜればすぐに
なじみます

つくり方

準 備

- 玉ねぎ ➡ 5㎜厚さの薄切りにする。

- 厚揚げ ➡ 8等分に切る。

- A ➡ 混ぜ合わせる。

調 理

- 内鍋に玉ねぎ、豚肉、厚揚げ、カレールウ
の順に入れる。

- Aをまわし入れ、**調理キー**を押す。

- 調理が終わったら軽く混ぜ、ルウの溶け残
りをなじませる。

仕上げ

- 器にごはん、カレーを盛り、青じそを飾る。

トマトビーフシチュー

牛こま切れ肉とフレッシュトマトの旨味に、くったり煮込んだ
ブロッコリーの組み合わせ。さっぱりとしたおいしさのシチューです。

アレンジのヒント

お財布にやさしい
豚こま切れ肉を使っても!

調理キー

| メニュー ▶ カテゴリー ▶ 煮物 ▶ 野菜 ▶ かぼちゃの煮物 |

HT99B **HT24B** **HT16E** 自動 ▶ 煮物 2-3

HT99A 自動 ▶ 煮物 1-2

材料 (2〜3人分)

牛こま切れ肉 … 250g

トマト … 2〜3個 (400g)

ブロッコリー … 1株 (200g)

玉ねぎ … ½ 個

薄力粉 … 大さじ1

バター … 15g

ローリエ … 1枚

A トマトケチャップ、ウスターソース … 各大さじ2

洋風スープの素 (顆粒) … 小さじ1

おろしにんにく … 1片分

水 … 200㎖

ブロッコリーは
やわらかく煮えるので
大きめでOK!

BEFORE

AFTER

つくり方

準備

- トマト ➡ 4〜6等分に切る。
- ブロッコリー ➡ 大きめの小房に分ける。
- 玉ねぎ ➡ 繊維に沿って薄切りにする。
- A ➡ 混ぜ合わせる。

調理

- 内鍋に牛肉、玉ねぎを入れ、薄力粉をまぶす。
- ブロッコリー、トマト、A、バター、ローリエの順に入れ、**調理キー**を押す。
- 調理が終わったら、軽く混ぜる。

チキンときのこの
クリームシチュー

ホワイトソースやルウを使わなくても、まろやかでクリーミー！
ふっくらやわらかな鶏もも肉ときのこの旨味がたまりません。

アレンジのヒント

きのこは合計200ｇになれば
好みのものを使ってOK！

調理キー

メニュー ▸ カテゴリー ▸ カレー・シチュー ▸ クリームシチュー

まぜ技ユニット

| HT99B | HT24B | HT16E | 自動 ▸ カレー・スープ 1-2 |
| HT99A | 自動 ▸ 煮物 1-15 |

材料（2〜3人分）

鶏もも肉 … 大1枚（300g）
しめじ … 1パック（100g）
エリンギ … 2本（100g）
玉ねぎ … ½ 個
ローリエ … 1枚
バター … 15g
塩、白こしょう … 各少々
薄力粉 … 大さじ2

A 白ワイン（酒で代用可）、
　洋風スープの素（顆粒）
　　　 … 各大さじ1
　水 … 200㎖
牛乳 … 100㎖

BEFORE

鶏肉と玉ねぎに薄力粉をまぶしておくのがコツ！

↓

AFTER

つくり方

準備

- 鶏肉 ➡ 大きめのひと口大に切り、塩、白こしょうをふる。
- 玉ねぎ ➡ 繊維に沿って薄切りにする。
- しめじ ➡ 食べやすくほぐす。
- エリンギ ➡ 縦半分に切り、3cm長さに切る。
- A ➡ 混ぜ合わせる。

調理

- 内鍋に玉ねぎ、鶏肉を入れ、薄力粉をまぶす。
- しめじとエリンギ、バター、ローリエ、A の順に入れ、**調理キー**を押す。
- 報知音が鳴ったら蓋を開けて牛乳を入れ（蓋を開けるときに、「とりけし」キーを押さないように注意する）、再び蓋をしてスタートキーを押す。

※予約調理のときは、設定したできあがり時刻に「食材を加えてください」の表示が出ます。通常調理のときは、残り時間が約5分になったら報知音が鳴り、「食材を加えてください」の表示が出ます。

※ HT99A、HT99B、HT24B、HT16E は報知音は鳴りません。できあがったら牛乳を入れ、通常調理の場合は「延長」で5分加熱してください。予約調理の場合は、「とりけし」キーを押し、「手動 ▸1-2（99B／24B／16E）または1-2（99A）」で5分加熱してください。

仕上げ

- 器に盛り、好みでパセリのみじん切りをふる。

豚肩ロースの
デミ風シチュー

赤ワインをたっぷり加えたデミ風のシチューに、やわらかく
煮込んだ豚肩ロースがゴロゴロ。お肉の食べごたえがリッチ!

アレンジのヒント

牛切り落とし肉を使って
ビーフシチューにしても!

材料（2〜3人分）

豚肩ロース（ブロック）… 300g

にんじん … 2/3 本（100g）

玉ねぎ … 1/2 個

ローリエ … 1枚

塩、白こしょう … 各少々

薄力粉 … 大さじ1

バター … 30g

A　ウスターソース … 80mℓ

　　赤ワイン … 50mℓ

つくり方

準備

- 豚肉 ➡ 大きめのひと口大に切り、塩、白こしょうをふって薄力粉をまぶす。
- にんじん ➡ 乱切りにする。
- 玉ねぎ ➡ 繊維に沿って薄切りにする。
- A ➡ 混ぜ合わせる。

調理

- 内鍋に玉ねぎ、豚肉、にんじん、バター、ローリエの順に入れる。
- Aをまわし入れ、**調理キー**を押す。

BEFORE

豚肉に薄力粉をまぶしておきます

AFTER

パンプキン＆
コーンシチュー

かぼちゃと玉ねぎ、コーンクリーム缶の甘味がとろとろに
溶け合うおいしさ！　朝ごはんにもぴったりのやさしい味わいです。

アレンジのヒント

角切りのパンにこのシチューをかけて
チーズをふって焼けばグラタンに！

メニュー ▶ カテゴリー ▶ 煮物 ▶ おでん ▶ おでん

HT99B **HT24B** **HT16E** 自動 ▶ 煮物 2-12

HT99A 自動 ▶ 煮物 1-4

材料（2〜3人分）

かぼちゃ … 300g

玉ねぎ … ½ 個

ベーコン（ブロック）… 200g

A コーンクリーム（缶）… 1缶（360g）

　 塩 … 小さじ ⅔

　 白こしょう … 少々

　 水 … 大さじ4

つくり方

準 備

- かぼちゃ ➡ ひと口大に切る。
- 玉ねぎ ➡ 2㎝角に切る。
- ベーコン ➡ 1.5㎝厚さに切る。
- A ➡ 混ぜ合わせる。

調 理

- 内鍋に玉ねぎ、かぼちゃ、ベーコンの順に入れる。
- Aをまわし入れ、**調理キー**を押す。
- 調理が終わったら、軽く混ぜる。

コーンクリームをたっぷり加えて煮込みます

BEFORE

AFTER

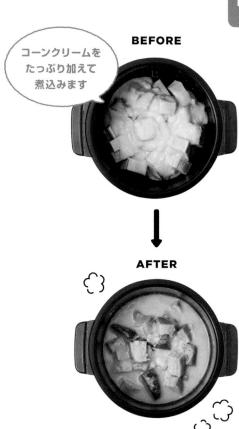

調理時間＆調理キー別

「おでん」キー

※HT99Aのみ予約調理では
「おでん」キーを使用

「スペアリブの煮こみ」キー

まぜ技
ユニット

● 調理時間について

各調理キーの調理時間は、ホットクックの自
動調理メニューに設定されている通常調理の
加熱時間の目安です。この本のレシピでつく
る場合は、食材の種類や量によって変わるこ
とがあります。

橋本加名子
Kanako Hashimoto

料理研究家、栄養士、フードコーディネーター。
海外留学、海外商社勤務時代にタイ、ベトナム、ラオス、広東料理などを広く学び、帰国後は懐石料理を学ぶ。独立後、料理教室「おいしいスプーン」を主宰する傍ら、飲食店のプロデュースやフードコーディネートなどに携わる。現在は、雑誌や書籍、ウェブサイト等で活躍。企業で働きながら子育てをした経験をいかし、「体にやさしくて、つくりやすい家庭料理」を提案し続けている。
『ホットクックお助けレシピ』シリーズ（河出書房新社）、『フライパンひとつで！　失敗しない和食』（辰巳出版）、『おいしい！かんたん！はじめての作りおきおかず』（新星出版社）等、著書多数。

「おいしいスプーン」
http://oishi-spoon.com/

Staff
デザイン：高橋朱里（マルサンカク）
撮影：加藤麻希
調理アシスタント：宮崎瑠美子
校正：ディクション
編集：大沼聡子

少ない材料＆調味料で、あとはスイッチポン！
ホットクックお助けレシピ
予約調理のおかず

2021年11月20日　初版印刷
2021年11月30日　初版発行

著　者　　橋本加名子
発行者　　小野寺優
発行所　　株式会社河出書房新社
　　　　　〒151-0051
　　　　　東京都渋谷区千駄ヶ谷2-32-2
　　　　　電話　03-3404-1201（営業）
　　　　　　　　03-3404-8611（編集）
　　　　　https://www.kawade.co.jp/
印刷・製本　凸版印刷株式会社

Printed in Japan
ISBN978-4-309-28934-2

本書の内容に関するお問い合わせは、お手紙かメール(jitsuyou@kawade.co.jp)にて承ります。恐縮ですが、お電話でのお問い合わせはご遠慮くださいますようお願いいたします。